2019/20 PREMIER LEAGUE
FOOTBALL
WORD SEARCH
FOR KIDS

Harry Kaye

Published by Harry Kaye

Copyright © 2019 Harry Kaye

Hello!

If you're a fan of football this is a great book! By the time you've finished all the puzzles, you'll be an expert on the Premier League - knowing all the clubs, all the grounds, and hundreds of players! So, time to get searching!

Word Searches... Try to find the list of words in the grid of letters. Use a pen, pencil, crayon, a team of very small but well organised babies, to mark the ones you find, and if you can't find a word, you can always check out the answers at the end of the book.

The Word Searches

Find The Team #1

Aston Villa

Chelsea

Brighton

Burnley

Bournemouth

Wolves

Liverpool

Crystal Palace

Leicester City

Watford

```
K A L L I V N O T S A I H B X
Y T I C R E T S E C I E L U J
E B H B E B J V C R L B B R G
C O Y F D B N H U O R R D N J
A U S M C W E G O M I L P L X
L R U X U L D P E G W H G E F
A N D X S G R J H W M N Y Y D
P E Z E H E P T D Q I Q T R E
L M A W V G O Q M D L J O Y P
A O O I U N X U A A S F H K S
T U L O T X N T E C T X V E L
S T N P Q K W H A Z T V F Y
Y H I T T G O T W H G L B R V
R V P I O U L M P W O Z F N J
C B V F B O L Z X W E S D S M
```

Arsenal

Leno

Aubameyang

Lacazette

Pepe

Torreira

Bellerin

Xhaka

Guendouzi

MaitlandNiles

Mkhitaryan

Ozil

Sokratis

Mavropanos

```
        B T M C V
      A C E O K N A M R
    P U T T R H M K A A I
  I D S Y T R I A A I U G T
  S L L Q E E T V H T N N L
G M O V S Z I A R X L I A G F
L U J K X A R R O R A R Y M Y
I U E I R C A Y P Z N E E W V
Z O Q N M A P A A K D L M N X
O N T Q D L T N N Q N L A R L
  E J D X O A I O P I E B J
  L V I P B U R S M L B U S
    E P E P E Z L N E M A
      K K I B W I X S L
        J V F A L
```

Aston Villa

Heaton

Grealish

Wesley

Targett

Luiz

ElGhazi

Chester

Mings

Elmohamady

Bree

Hourihane

Lansbury

Trezeguet

```
Y Y M E N B A S A L Y B L R T
H E A T O N R R W O A U J R R
V F E L G H A Z I G T N W Y E
O E W X N I C B K C U K O G Z
T N L A K D R H R R B Z A R E
J A L A N S B U R Y X I G E G
P H C H E S T E R Q T U M A U
P I I I N V Q P X B S L R L E
L R H Y D A M A H O M L E I T
K U X H V A Z C S R E T A S C
Z O Q T T C J C K W X B B H M
V H C F M I N G S M O R M X L
U T M T A R G E T T E T W E L
A X M D X C W R E E G T P C R
Q P M S W E S L E Y U Z G H W
```

England Internationals

Pickford

Walker

Stones

Maguire

Rice

Delph

Barkley

Sancho

Sterling

Rashford

Kane

Henderson

Alli

```
            U  W  W  Z
         C  P  O  F  T  D  A  W  A
      Q  S  E  N  O  T  S  W  L  T  H
   L  T  D  E  L  P  H  G  X  S  K  W  A
   A  L  L  I  N  O  S  R  E  D  N  E  H
H  A  R  D  R  F  E  S  A  N  C  H  O  R  O
H  Y  A  B  L  D  X  N  S  M  T  P  M  Q  P
M  H  S  M  A  G  U  I  R  E  M  I  G  O  X
A  U  H  T  V  R  T  R  K  V  A  C  S  Y  S
X  C  F  G  E  E  K  A  A  R  I  K  Y  F  B
   L  O  E  Z  R  N  L  N  C  O  F  A  J
   B  R  G  C  E  L  X  E  Y  G  O  S  U
      D  A  K  I  P  I  A  Y  C  R  O
         S  Z  Q  R  Z  N  E  R  D
            R  M  Q  X  G
```

Bournemouth

Wilson

Fraser

Ake

Brooks

Lerma

King

Cook

Danjuma

Kelly

Begovic

Francis

Solanke

Ibe

```
C A H V B H B F B E G O V I C
L Y C F P Q Q L P N W T Y J S
R F D S I T A M U J N A D I G
W J O S K V T E K N A L O S P
H R K S M H I C S Y Q O R O X
K G I D N Y M H H S K E L L Y
E Q N G W A C P Q J H I V O R
X H G P O V H D T R J X F I J
N P C R A G J N G L D X U K F
P N Y X N M F N F R A N C I S
B O B U E V R M O S R E X C K
F S N E W T N E J A B Z N X O
T L F R A S E R L I X D J W O
A I W C N Y D I D A K E Z U R
S W R M Q T R E Y O C O O K B
```

Brighton & Hove Albion

Trossard

Propper

Jahanbakhsh

Bissouma

Mooy

Duffy

Dunk

Webster

Ryan

Montoya

Stephens

March

Izquierdo

```
L F Z O X F T A X M P B L T Y
U P C J A H A N B A K H S H I
B I S S O U M A R E P P O R P
B U A Q T Y R X X G J V X U B
X J Y C D Z Y Z P O B T M B I
A V X D E Z A X E P R O R D N
O J W J H R N L E O N A J H D
Y O O M J H T Y S T I U G J Q
E M M U D K Z S O T B C H Q L
D A A T V L A Y X W V F A E M
T D R V O R A K E E O K N U D
Q Z C S D B S T E P H E N S Y
M C H A T I Z Q U I E R D O T
M X T D U F F Y F T E D P Z I
P E U J H R E T S B E W P X R
```

Premier League All Time Top Scorers

Shearer

Rooney

Cole

Lampard

Henry

Aguero

Fowler

Defoe

Owen

Ferdinand

```
        Q S G U H
      O G L H Y R N E H
    H K R X M X P A Q H N
  P F E F E G E E T T U R X
Y Z N E E U Q G H Y M T G
U E D L H B R G S H L S A U H
F Y O F Z N J D A D A H C Y Y
A C E W O X N N I D M V L Q P
R K O N T W V S R N P V N Z N
N U F U O S L H T I A C X P F
  V E O F O N E S L R N T F
  P D P R E R A R F D E D J
    Q Y W E I R T S I H F
      O C C Y E W K B T
        A G R P O
```

Burnley

Wood

Tarkowski

Cork

McNeil

Rodriguez

Barnes

Mee

Gudmundsson

Gibson

Pope

Lowton

Taylor

Brady

```
R N V A X E Z Q T B L L Q H Y
K O O R H A A A D O D U T U T
R R I S G J J Y E K W I A S J
O M B L B Y N D B F L Q R E X
C R T T Q I X O T T L X K N O
G O A Q F O G O E X O Y O R Y
W D Y T I S B W R E E D W A D
D R L C R E H C V E M A S B V
L I O C P E O M E T U R K D Z
I G R A O G X P H P P B I J H
T U M K V D O P D G K I C V K
S E A Z F P T T I M C N E I L
T Z C J H J G O Y V Y G P K Q
L O F L O W T O N O V Q X X L
I P G U D M U N D S S O N M H
```

Chelsea

Kante

Jorginho

Kepa

Pulisic

Rudiger

Willian

Alonso

Kovacic

Azpilicueta

HudsonOdoi

Barkley

Batshuayi

LoftusCheek

```
B  B  R  I  O  D  O  N  O  S  D  U  H  A  C
E  T  N  A  K  A  K  W  A  C  P  D  O  F  O
M  A  L  O  N  S  O  D  V  N  U  R  H  V  V
G  N  A  I  L  L  I  W  G  Z  L  U  N  Z  I
Z  L  W  B  M  S  R  G  T  K  I  D  I  T  Y
U  V  Y  C  A  E  R  Z  H  E  S  I  G  U  E
W  H  I  I  S  T  U  E  N  P  I  G  R  B  K
M  A  S  C  M  L  S  P  Y  A  C  E  O  D  H
F  X  A  A  D  R  Y  H  V  C  V  R  J  M  B
D  H  G  V  Z  O  P  E  U  R  J  T  E  K  D
R  K  W  O  D  W  M  C  L  A  Z  T  I  W  T
M  N  P  K  O  J  C  Q  M  K  Y  J  X  M  Y
M  D  I  F  I  S  J  A  D  G  R  I  D  Z  S
L  O  F  T  U  S  C  H  E  E  K  A  G  Y  M
O  A  T  E  U  C  I  L  I  P  Z  A  B  V  G
```

World's Best

DeLigt

Benzema

Griezmann

Hazard

Bale

Mbappe

Neymar

Ronaldo

Modric

Lewandowski

DeJong

Messi

```
        R N A R W
      S A Z F M B U N O
    L E L A B X P K O N D
  R A M Y E N K L T U M A N
  T E C I R D O M D L R E C
N W D N C G R I E Z M A N N Q
T M M B A P P E G N O J E D O
W G E D D I B O D L A N O R T
T H I S I K S W O D N A W E L
P G A L S X Z S Q U F Q I Y V
  M K Z E I N Q M B N Q O Q
  G D N A D B E N Z E M A K
    G V L R A O B G M A Z
      C V E D T E D O Q
        N C H A D
```

Crystal Palace

Zaha

Milivojevic

Sakho

Dann

Townsend

Meyer

vanAanholt

Kouyate

Cahill

Ayew

McArthur

Hennessey

Ward

```
N B J M I L I V O J E V I C C
A Y E W M J Z E Y X X I A K A
T Q S T L O H N A A N A V V D
W G D C A H I L L V L J U H N
A U C B N Q D O X S P G S U E
H F Q S M N R H R C O K S H S
A F P N E I L K U Y S Y F G N
Z N I I Y A Y A H L Y E R B W
E J V J E A K S T O X S R Q O
L C D J R S O H R Z G S Q K T
F D R A W J U Q A L W E Z U X
Y G V P N H Y A C Z D N J Z S
G R J S T N A S M L B N S R S
D W B U I Y T U C W S E J S H
R S H V C G E N J Y W H B S P
```

Everton

Richarlison

Pickford

Kean

Sigurdsson

Keane

Digne

Gbamin

Gomes

Bernard

CalvertLewin

Delph

Davies

Baines

```
V Q I K Z A G K X D Q L X D C
B E Z M J B K A Q V G H K S A
T V V G A M D Q D M B C M L L
A P C M O L N K E A N E G M V
R D I G M D E L P H Z A N E
R N R Z O Q E M G Y W B N O R
Y R S O T S E S V K I A A S T
H L K S F T I X L J A I E S L
X W G K E K N L N J N N K D E
E J E R P I C C R O O E U R W
G I Z B S H V I J A D S S U I
D B D M B B I A P I H L V G N
V D R A N R E B D V J C A I E
O S U Q G I D I G N E L I S M
Q K O I R Y M K B O N N P R P
```

Find The Team #2

Newcastle United

Spurs

Everton

Man United

West Ham United

Sheffield United

Man City

Southampton

Arsenal

Norwich City

```
S N O T P M A H T U O S Y W I
H A V O Z Y U N V X G F T E H
E W B N Y B J P N E U V I S K
F F Y B K E Z T E V H L C T E
F T B S P Z Y U G U V A H H U
I T X D I L I C G T I N C A E
E U S J U L N Q T S E E I M K
L U K Z U I U A D V Q S W U U
D W O Y E Z H H E F A R R N Q
U K V I T P U R H G N A O I Z
N Q I J P Y T I C N A M N T C
I S J D V O M A N U N I T E D
T A Y R N O X W N E E T E D U
E S P U R S D Z D X P X F V K
D E T I N U E L T S A C W E N
```

Leicester City

Maddison

Tielemans

Ndidi

Chilwell

Pereira

Vardy

Perez

Gray

Schmeichel

Iheanacho

Evans

Albrighton

Morgan

```
E J E X O L S N A M E L E I T
P V Q D E L E H C I E M H C S
F V A W P E R E I R A C Z S B
W W E N P Y J A I X S G T W O
T G S Q S I H E A N A C H O U
D F L N H K R C Y A R G H L N
T B A V A X W Z N V J O D L O
G H J A D G X T K Q K E T E T
V A R D Y Q R Q B I A H D W H
I B F I W C F O D W Q A F L G
E D M L M M P I M K G Z Z I I
A Q E U G V D V H D Y E P H R
E D Y B G N D X X D D R B C B
G P N T C D D I D E Z E I Y L
F M A D D I S O N D T P N G A
```

Liverpool

Salah

Mane

vanDijk

Alisson

Firmino

AlexanderArnold

Robertson

Keita

Wijnaldum

Fabinho

Henderson

Milner

Gomez

```
J S A D M U D L A N J I W T B
Y U H A L A S H Y B S T V L E
H B W F A B I N H O H Z J N W
V K G O M E Z N N T F Y A T Z
I M Z M F A K Z I J A M A D W
A L E X A N D E R A R N O L D
N O S S I L A M K X J S X S P
T D C G W H F P G O B G A H G
L H O N O S R E D N E H U I P
Y E C J C L B Z D Q T G T A D
A G S H U O N I M R I F T N U
A U G I J A K J I D N A V Q Z
Z U B I W M J W Q A Q X T Q A
U W S C R O B E R T S O N Q M
Q L M I L N E R K E I T A N L
```

Manchester City

Laporte

Silva

Ederson

Jesus

Cancelo

Stones

DeBruyne

Walker

Foden

Sterling

Rodri

Aguero

Fernandinho

```
Q D N H A J Y E T R O P A L F
I O W C K A K M R U X N K G X
O J H O F F T G C E K K Q R K
A A Q P I E M S S K K O M V A
R G H S O R Z U M I G L I T V
O O U Y O U B S Y F L S A Q P
D S G E F B L E R M Z V E W H
R A L S R A O J C Z A J A I D
I U E W T O T T N O S R E D E
R V S W N O I M G P R I A I B
U A N F E R N A N D I N H O R
C A Y D P B C E Q K L L P H U
F O D E N E J Z S A B V N K Y
H U Z Z G N I L R E T S C A N
C A N C E L O H X A V Z B T E
```

Footy Grounds #1

Carrow Road

St Marys

Old Trafford

Stamford Bridge

Vicarage Road

Selhurst Park

Emirates

Goodison Park

King Power

Tottenham Hotspur

```
T R B D I D P F J H Y K E B S
O A E A X J J G M R X G C V E
T R M O Y W G D G C S O S C L
T X E R D L A T Q T K O T A H
E P U W F Q V K M O F D A T U
N V R O O L T A U G F I M S R
H O D R M P R V J P Y S F G S
A L T R J Y G H M A R O O N T
M D Q A S L S N H H V N R C P
H T V C N W R E I H I P D K A
O R Y O Q R R C M K C A B B R
T A E R L H K V O X A R R W K
S F G M K M S D T Z R K I G P
P F M C I G R K R Q A Z D H H
U O R K U R S B G A G M G B P
R R K X V U A K N X E D E N E
T D A H A S S T R J R R Y Q J
J L B L R C X T E S O I R O C
B C A F Q E Y Q L S A Y J D Q
S V P J E Y U G J M D J G F B
```

Manchester United

deGea

Maguire

Lindelof

Shaw

WanBissaka

McTominay

Pereira

Martial

Sanchez

Lingard

Rashford

James

Jones

```
A R Q Y H W G T C S E M A J J
H K T V Q L G C A R I E R E P
X H A A E H H L D W D K W S F
V M S S Z J M D Y Q I F K L O
O A E S S E J R I Q L Q L N L
Y G N L S I G A T D A J Q H E
Y U O D D T B G N Z I P N J D
A I J R E B L N Z K T Q J V N
N R F O G C A I A P R K Q G I
I E W F E D F L I W A W L B L
M Z U H A S G O F G M D S P F
O E W S P P V Z E H C N A S Y
T L B A B L R L B X H F D Q B
C O R R H B I K I X P O A I E
M G N T V S J S H K T S C F U
```

Newcastle United

Joelinton

SaintMaximin

Almiron

Shelvey

Lascelles

Ritchie

Muto

Carroll

Lejeune

Schar

Hayden

Yedlin

Dubravka

```
D S C H A R N Q X N V J O A G
R W L I E T D B Z Z E O R J Z
A N Z Y E V L E H S H D G V D
T Y Q K W M U L L M A D Y J L
M O F S Q P E P D L W Z D A X
E N U E J E L N D E O U Y H H
A N X L Y X U K R G X R S J H
K E A L N V M U T O V J R L K
V O L E I A O L A S I N V A M
A H M C L U U V R S S L D K C
R R I S D J O E L I N T O N B
B D R A E B I H W D R I O F J
U D O L Y Q J V Y W R L E L F
D Z N C Y S O C E I H C T I R
D S A I N T M A X I M I N G D
```

Premier League All Time Top Keepers

Cech

Hart

Howard

Reina

deGea

Lloris

Mignolet

Foster

Schwarzer

vanderSar

```
          H H M U F
        S L K A P F W B D
      H W C K A R A M N R G
    D A F L Z A O T I F O T R
  F V G O A A Z L G L O Q A
I L Q T Q S M W B N N W O S F
D R L F O R T G D O W U W R C
Q D D O D E G E A L R C A E O
C D R F R L H Z R E C N U D V
D E H S R I N D V T I I T N K
  Z C Z N W S R U E K Z L A
  N C H C Q Q A R G H W S V
    R E Z R A W H C S P V
      U J Q X O R I O E
        D X H X N
```

Norwich City

Godfrey

Klose

Lewis

Byram

Krul

Zimmermann

Hernandez

Vrancic

Buendia

Aarons

Hanley

Pukki

Stiepermann

```
D F P F D Y E L N A H R G Q J
M Z I M M E R M A N N U R O G
M I W Z T J Y E R F D O G T O
Z Y V C Q U R I Z V U E L Z H
V C G Y M E K S S D H Z P P S
R V O J S K F H Y M A R Y B T
A E G O U T G X N X W J R A I
N U L P R I X X G J S Q A Y E
C K M A I D N E U B I Y A X P
I B N T P X Y X V C W E R O E
C I B C G X L L Y Y E F O P R
G D N N M E U L Y C L J N A M
Q C Q N A R N J D R X L S T A
A S R L K Q P R F W U T J G N
X V F A Z E D N A N R E H E N
```

Sheffield United

McBurnie

O'Connell

Egan

Fleck

Norwood

Robinson

Freeman

Stevens

Mousset

Sharp

Osborn

Henderson

McGoldrick

```
J G I Q V R Q P G O W V Z G S
F I F F X S P T Y B R V D M S
H X N O R W O O D W N Z F K N
E U X E K D T H Z A O S N C R
N S Y V W E T P M S T M O I M
D T V D K Z Q E B D W N C R O
E E C B X Z E O F O I D Y D U
R V P D R R C C V P Y S L S
S E T R F N H O N E W I I O S
O N H I Z K N E M M H N K G E
N S H T S N K F L E C K R C T
H N A G E E I N R U B C M M O
J K J L Y J B S B J G F G P N
N X L M X C Z R O B I N S O N
K J N U Q G N B Y V P R A H S
```

British & Irish Internationals

Allen

Forrest

Bale

McClean

Coleman

Evans

Mulgrew

Robertson

Hennessey

Davis

Lafferty

Brady

```
        R R W K Q
      C O L E M A N D Q
    Q W M E V K Y D A R B
  H F O M M J A B F I J X W
  E C T V C S N E L L A F E
X N N N S I C S J E J F P R A
J N F Q V E G L R V B C B G P
O E L A P B R P E Q X Y O L A
U S D U A X H R H A P R M U Y
W S C L E Z G I O Q N M A M L
  E E O V C M D Q F X T F O
  Y Q D A Y T R E F F A L D
    R Y N O S T R E B O R
      X S O F F D W S C
        T U B A D
```

Southampton

Gunn

Redmond

WardProwse

Elyounoussi

Ings

Adams

Forster

Hojbjerg

Vestergaard

Djenepo

Bednarek

Romeu

Bertrand

```
H O K O K M G M E V S I C J Z
A S A C P D Z M I Q P Y C O A
D Q J G I Y J X S M H F G T U
A J O U N S Q E X S W I R X V
M Y D N X H F G N A N X E I F
S P L N U E M O R E F G J S U
N E S G A R A D R L P K B S V
V Y J N P R P G G S Y O J U E
I B W B I R T D O G T I O O E
S N N K O N E R B P F E H N I
G G G W T Q B D E O P K R U C
E Q S S I C U J M B Z W S O C
L E Z K Q R Y A E O Z P J Y H
W B E D N A R E K Q N B M L R
Q V E S T E R G A A R D B E C
```

Tottenham Hotspur

Kane

Alli

Son

Ndombele

Sanchez

Alderweireld

Moura

Dier

Sessegnon

Winks

Lloris

Sissoko

Davies

```
J S Q U I A B N E E W D K A J
J I H P T S A N C H E Z W L L
D S F A R N D O M B E L E D H
N S X T L A B G Q L W K U E W
M O H B Q E S E I V A D F R B
O K N O J D H F P L K P D W S
M O W G A R U O M E N Y K E D
E J G P E D D B K E S P K I I
U D Y D H S G J N O S X S R E
U N V M Z S S S Q N E Q A E R
I L L A S Z I E H H N C K L J
N P C C Z R W G S X A Z O D E
I L W C O Y R O Y J K F M Z G
E Y N L M B X V O M X R M T X
J S L M O B W I N K S Y K D X
```

England Women's World Cup Stars

Carney

Scott

Houghton

White

Bardsley

Bronze

Duggan

Stokes

Moore

Bright

Kirby

Greenwood

Parris

```
        E  S  I  W  Y
     P  N  F  Z  O  E  N  O  U
  E  T  I  H  W  N  O  P  H  X  J
  M  G  J  T  T  E  T  O  A  D  P  D  D
  K  L  N  H  Q  H  S  N  R  Z  H  G  U
S Q  C  G  R  G  F  P  W  R  B  U  Y  G  T
K O  I  B  U  I  Y  N  O  I  H  E  R  G  H
T R  L  O  X  W  H  L  S  N  E  M  A  A
B Y  H  M  M  O  O  R  E  R  E  H  E  N  E
B A  R  D  S  L  E  Y  A  N  X  S  H  V  D
  W  T  T  O  C  S  W  S  E  X  Q  C
  L  K  I  R  B  Y  O  S  K  K  K  F  Z
     R  N  T  D  O  K  O  Q  Z  R  B
     M  S  D  A  T  Y  Z  F  D
        X  S  M  Z  A
```

Premier League
Assist Kings

Giggs

Fabregas

Rooney

Lampard

Bergkamp

Gerrard

Silva

Milner

Beckham

Sheringham

```
        Y W W F A
      U Y M F L D F S Q
    U L N M A B R H G R H
  E V D I R G H E K G X S A
  S Q L R E O R K R I Y P L
V U N L R P I S R C G B W F X
S E R R I N G I A N E K A N D
R V A Q G F G O X G G B A R O
Y R V H M O G H I S R S A M X
D B A K Z Y Y H R E I P Q Q P
  M X Y Q E K M G L M M B R
  S P P Z N W A V A D X R Q
    L X Y O S A L U P V W
      Z V O V H M L X K
        R K O V W
```

Watford

Sarr

Doucoure

Deulofeu

Hughes

Gray

Pereyra

Welbeck

Deeney

Capoue

Kabasele

Cleverley

Chalobah

Dawson

```
V N I G W O G L G L I Q V A V
D J E Q O A P Y F C R R A S E
O V Y F C O E K A G X Y V L G
U C E H V I R A T R C U C S P
C C L N Y H E B H A E N H D D
O S R K H O Y A A Y P K D E P
U H E N B R S B L T H N E B
R C V U O V A E O U E Q X N W
E F E G S A K L L E I O R E C
P R L H W K A E A Z Y P J Y A
B F C E A R C R H K K E L N P
A G R S D Q D O C W E Z A M O
K C E B L E W N R C F C C E U
A S N C Y E F P O P T A C U E
G U K K J H D E U L O F E U O
```

West Ham United

Rice

Anderson

Haller

Diop

Fornals

Yarmolenko

Lanzini

Antonio

Chicharito

Balbuena

Wilshere

Cresswell

Noble

```
O  X  U  N  H  A  L  L  E  R  E  O  F  U  F
A  Q  B  P  O  J  H  V  F  Q  B  G  U  N  U
O  C  A  L  X  S  S  D  I  B  G  Y  I  Q  U
T  V  L  K  Y  K  R  P  T  Q  Q  O  N  J  F
I  Z  B  Y  Q  B  E  E  H  C  K  I  I  C  L
R  Q  U  A  E  E  B  C  D  X  F  N  Z  L  L
A  Y  E  R  M  J  O  G  F  N  Y  O  N  F  E
H  P  N  M  N  O  Y  G  E  I  A  T  A  L  W
C  E  A  O  Z  O  M  I  G  P  T  N  L  J  S
I  R  F  L  Y  O  B  H  A  L  N  A  L  J  S
H  I  Z  E  V  Y  G  L  A  X  M  Q  L  L  E
C  C  W  N  Q  T  I  U  E  S  V  D  Z  K  R
W  E  I  K  Q  V  X  Y  V  I  D  I  O  P  C
L  H  S  O  K  F  O  R  N  A  L  S  D  Q  R
E  N  W  I  L  S  H  E  R  E  D  V  Z  O  S
```

Wolverhampton Wanderers

Neves

Jimenez

Jota

Cutrone

Patricio

Otto

Dendoncker

Doherty

Traore

Boly

Moutinho

Coady

GibbsWhite

```
R  L  O  V  K  H  Y  O  Y  T  R  E  H  O  D
E  W  G  U  L  B  O  J  V  E  V  V  B  T  S
K  Z  X  I  P  Z  L  S  W  C  M  M  O  R  N
C  T  B  C  B  Q  E  N  Q  M  X  Y  L  A  E
N  K  M  U  F  B  X  N  O  W  T  H  Y  O  V
O  J  R  Y  C  M  S  R  E  T  C  K  H  R  E
D  N  O  C  D  Q  P  W  Q  M  T  J  R  E  S
N  T  A  T  O  E  K  M  H  O  I  O  C  I  X
E  Y  O  D  A  I  C  M  H  I  Z  J  E  W  T
D  D  Q  U  W  D  C  N  M  Y  T  N  N  T  M
Q  A  X  C  F  O  I  I  M  W  O  E  H  N  B
R  O  A  E  Z  T  X  S  R  R  C  A  F  B  X
Z  C  S  S  U  W  V  E  T  T  V  J  X  H  A
U  K  F  O  I  X  C  U  P  K  A  E  H  K  I
G  I  M  B  J  I  C  G  L  F  G  P  D  Y  C
```

Footy Grounds #2

Anfield

Falmer

Molineux

Etihad

London Stadium

Turf Moor

Bramall Lane

Villa Park

Dean Court

St James Park

```
F  A  L  B  O  R  B  C  K  F  S  D  N  N  Z
D  E  Z  J  Q  K  T  G  R  E  Y  E  Q  L  E
Y  C  Z  G  D  G  D  J  A  H  O  A  L  O  N
T  U  R  F  M  O  O  R  P  W  F  N  N  N  A
Z  L  F  M  F  Z  F  P  A  D  E  C  Y  D  L
T  O  S  A  A  S  Q  Q  L  Q  T  O  Q  O  L
X  W  W  B  L  F  D  P  L  Q  M  U  A  N  L
V  D  Z  G  M  J  L  G  I  P  O  R  A  S  A
J  D  T  Z  E  D  H  A  V  S  L  T  D  T  M
A  A  J  U  R  R  N  C  L  O  I  Y  H  A  A
P  H  E  L  F  F  V  L  B  Z  N  L  I  D  R
J  I  W  O  I  Y  X  Y  R  X  E  C  Z  I  B
P  T  G  E  A  Y  A  R  A  L  U  G  Z  U  T
W  E  L  D  F  B  Z  R  D  Y  X  C  L  M  H
Z  D  Z  S  T  J  A  M  E  S  P  A  R  K  G
```

The Answers

For each word search we've taken out the letters you didn't need, so it's easier to see where the words are. Each answer starts with a larger bold letter.

Find The Team #1

```
·  A  L  L  I  V  N  O  T  S  A  ·  ·  B  ·
Y  T  I  C  R  E  T  S  E  C  I  E  L  U  ·
E  B  ·  ·  ·  ·  R  ·  ·  ·  C  ·  L  ·  B  R  ·
C  O  ·  ·  ·  ·  ·  ·  H  ·  O  ·  R  ·  N  ·
A  U  ·  ·  ·  ·  E  ·  O  ·  I  ·  ·  L  ·
L  R  ·  ·  ·  L  ·  P  ·  G  ·  ·  ·  E  ·
A  N  ·  S  ·  R  ·  H  ·  ·  ·  ·  Y  D
P  E  ·  E  ·  E  ·  T  ·  ·  ·  ·  R  ·
L  M  A  ·  V  ·  O  ·  ·  ·  ·  O  ·  ·
A  O  ·  I  ·  N  ·  ·  ·  ·  F  ·  ·  S
T  U  L  ·  ·  ·  ·  ·  ·  ·  T  ·  E  ·
S  T  ·  ·  ·  ·  ·  ·  A  ·  ·  V  ·  ·
Y  H  ·  ·  ·  ·  ·  ·  W  ·  ·  L  ·  ·
R  ·  ·  ·  ·  ·  ·  ·  ·  O  ·  ·  ·
C  ·  ·  ·  ·  ·  ·  ·  W  ·  ·  ·  ·
```

Arsenal

```
        ·  T  M  ·  ·
     ·  ·  E  O  K  ·  A  M  ·
     ·  ·  ·  T  R  H  M  K  A  ·  ·
     ·  ·  ·  T  R  I  A  A  I  ·  G  ·
  S  ·  ·  ·  E  E  T  V  H  T  N  N  ·
G  ·  O  ·  ·  Z  I  A  R  X  L  I  A  ·  ·
L  U  ·  K  ·  A  R  R  O  ·  A  R  Y  ·
I  ·  E  ·  R  C  A  Y  P  ·  N  E  E  ·
Z  O  ·  N  ·  A  ·  A  A  ·  D  L  M  ·
O  N  ·  ·  D  L  T  N  N  ·  N  L  A  ·  ·
E  ·  ·  ·  O  ·  I  O  ·  I  E  B  ·
L  ·  ·  ·  ·  U  ·  S  ·  L  B  U  ·
  ·  P  E  P  E  Z  ·  ·  E  ·  A
     ·  ·  ·  ·  ·  I  ·  S  ·
        ·  ·  ·  ·  ·  ·
```

Aston Villa

```
. . . . . . . . . . . . . T
H E A T O N . . . . . . . . R
. . E L G H A Z I . . . . . E
. E . . . . . . . . . . . G Z
. N . . . . . . . Z . R . E
. A L A N S B U R Y . I . E G
. H C H E S T E R . . U . A U
. I . . . . . . . . L . L E
. R . Y D A M A H O M L E I T
. U . . . . . . . . . . S .
. O . . . . . . . . . B H .
. H . M I N G S . . R . . .
. . . T A R G E T T E . . .
. . . . . . . . . E . . .
. . . W E S L E Y . . . . .
```

England Internationals

```
. . . W .
. . . . . A . .
. S E N O T S . L . .
. . D E L P H . . . K . .
A L L I N O S R E D N E H
. . R . . . S A N C H O R .
. . A B . . . . . P . . .
. . S M A G U I R E . I . .
. . H T . R . . K . . C . .
. F . E . K A . . . K . .
. O E . R N L . . . F . .
. R . C E L . E . . O . .
D . . I . I . Y . R .
. . . R . N . . D
. . . . . G
```

Bournemouth

```
. . . . . . . . . B E G O V I C
. . . . . . . . . . . . . .
. . . . . . . A M U J N A D . .
. . . . . . . E K N A L O S .
. . K . . . . . . . . . .
. . I . . . . . . . K E L L Y
. . N . . . . . . . . . .
. . G . . . . . . . . . .
. . . . A . . . . . . . .
. N . . M . . F R A N C I S
. O . . . R . . . E . . K
. S . . . E . B . . . O
. L F R A S E R L I . . . . O
. I . . . . . . A K E . . R
. W . . . . . . . C O O K B
```

Brighton & Hove Albion

```
. . . . . . . . . . .
. . . J A H A N B A K H S H .
B I S S O U M A R E P P O R P
. . . . . R . . . . . . . .
. . . . . Y . . . . T M . .
. . . . . A . . . R O . . .
. . . . . N . . O N . . . .
Y O O M . . . . S T . . . .
. . M . . . . S O . . . . .
. . A . . A Y . . . . . . .
. . R . . R A . . . K N U D
. . C . D . S T E P H E N S .
. . H . . I Z Q U I E R D O .
. . . . D U F F Y . . . . .
. . . . . . R E T S B E W . . .
```

Premier League All Time Top Scorers

```
        ·   ·   ·   ·
    O   ·   ·   ·   Y   R   N   E   H
        ·   ·   R   ·   ·   ·   ·   ·
    ·   ·   ·   F   E   ·   ·   ·   ·   ·
    ·   ·   ·   E   E   U   ·   ·   ·   ·
·   ·   ·   L   ·   R   G   ·   ·   L   ·   ·
·   Y   O   F   ·   ·   D   A   ·   A   ·   ·   ·
·   C   E   ·   O   ·   ·   ·   I   ·   M   ·   ·   ·
·   ·   O   N   ·   W   ·   S   ·   N   P   ·   ·   ·
·   ·   F   ·   O   ·   L   H   ·   ·   A   ·   ·   ·
·   E   ·   ·   O   N   E   ·   ·   R   N   ·   ·
·   D   ·   ·   E   R   A   R   ·   D   ·   D   ·
    ·   ·   W   ·   ·   R   ·   ·   ·   ·   ·   ·
    O   ·   ·   ·   ·   E   ·   ·   ·   ·
            ·   ·   R   ·   ·
```

Burnley

```
·  N  ·  ·  ·  ·  ·  ·  ·  ·  ·  ·  ·  ·
K  ·  O  ·  ·  ·  ·  ·  ·  ·  ·  T  ·  ·
R  ·  ·  S  ·  ·  ·  ·  ·  ·  A  S  ·
O  ·  ·  ·  B  ·  D  ·  ·  ·  ·  R  E  ·
C  R  T  ·  ·  I  ·  O  ·  ·  ·  K  N  ·
·  O  A  ·  ·  ·  G  O  E  ·  ·  Y  O  R
·  D  Y  ·  ·  ·  W  ·  E  ·  D  W  A
·  R  L  ·  ·  ·  ·  ·  ·  M  A  S  B  ·
·  I  O  ·  ·  ·  ·  E  ·  ·  R  K  ·
·  G  R  ·  ·  ·  P  ·  ·  ·  B  I  ·
·  U  ·  ·  ·  O  ·  ·  ·  ·  ·  ·  ·
·  E  ·  ·  ·  P  ·  ·  ·  M  C  N  E  I  L
·  Z  ·  ·  ·  ·  ·  ·  ·  ·  ·  ·  ·
·  ·  ·  L  O  W  T  O  N  ·  ·  ·  ·  ·
·  ·  G  U  D  M  U  N  D  S  S  O  N  ·  ·
```

Chelsea

```
.  .  .  I  O  D  O  N  O  S  D  U  H  .  .
E  T  N  A  K  .  .  .  .  P  .  O  .
.  A  L  O  N  S  O  .  .  U  R  H  .
.  N  A  I  L  L  I  W  .  L  U  N  .
.  .  B  .  .  .  K  I  D  I  .
.  .  C  A  .  .  E  S  I  G  .
.  .  I  T  .  .  P  I  G  R  .
.  .  C  S  .  A  C  E  O  .
.  .  A  Y  H  .  .  R  J  .
.  .  V  .  E  U  .  .  .  .
.  .  O  .  .  L  A  .  .  .
.  .  K  .  .  .  K  Y  .  .
.  .  .  .  .  .  R  I  .  .
L  O  F  T  U  S  C  H  E  E  K  A  .  .
.  A  T  E  U  C  I  L  I  P  Z  A  B  .  .
```

World's Best

```
    ·   ·   ·   ·   ·   ·
  ·   ·   ·   ·   ·   ·   ·
·   E   L   A   B   ·   ·   ·   ·   ·   ·
R   A   M   Y   E   N   ·   ·   ·   ·   ·   ·
·   ·   C   I   R   D   O   M   ·   ·   ·   ·
·   ·   ·   ·   G   R   I   E   Z   M   A   N   N   ·
T   M   M   B   A   P   P   E   G   N   O   J   E   D   ·
·   G   E   ·   ·   ·   O   D   L   A   N   O   R   ·
·   H   I   S   I   K   S   W   O   D   N   A   W   E   L
·   A   L   S   ·   ·   ·   ·   ·   ·   ·   ·   ·
·   Z   E   I   ·   ·   ·   ·   ·   ·   ·   ·
·   ·   ·   A   D   B   E   N   Z   E   M   A   ·
·   ·   ·   R   ·   ·   ·   ·   ·   ·   ·
·   ·   ·   D   ·   ·   ·   ·   ·
  ·   ·   ·   ·   ·   ·
```

Crystal Palace

```
.  .  .  M  I  L  I  V  O  J  E  V  I  C  .
A  Y  E  W  .  .  .  .  .  .  .  .  .  .  .
.  .  .  T  L  O  H  N  A  A  N  A  V  .  D
.  .  .  C  A  H  I  L  L  .  .  .  .  .  N
A  .  .  .  .  .  O  .  .  .  .  .  .  .  E
H  .  .  .  M  .  .  H  R  .  .  .  .  .  S
A  .  .  .  E  .  .  K  U  .  .  Y  .  .  N
Z  .  .  .  Y  .  .  A  H  .  .  E  .  .  W
.  .  .  .  E  .  K  S  T  .  .  S  .  .  O
.  .  D  .  R  .  O  .  R  .  .  S  .  .  T
.  D  R  A  W  .  U  A  .  .  E  .  .  .
.  .  .  .  N  .  Y  .  C  .  .  N  .  .  .
.  .  .  .  .  N  A  .  M  .  .  N  .  .  .
.  .  .  .  .  .  T  .  .  .  .  E  .  .  .
.  .  .  .  .  .  E  .  .  .  .  H  .  .  .
```

Everton

```
·   ·   ·   ·   ·   G   ·   ·   ·   ·   ·   ·   C
·   ·   ·   ·   B   ·   ·   ·   ·   ·   ·   ·   A
·   ·   ·   G   A   ·   ·   ·   ·   ·   ·   ·   L
·   ·   M   O   ·   ·   K   E   A   N   E   ·   ·   V
·   D   I   N   ·   M   D   E   L   P   H   ·   ·   N   E
·   N   R   ·   O   ·   E   ·   ·   ·   B   N   O   R
·   ·   O   ·   S   ·   S   ·   ·   ·   A   A   S   T
·   ·   S   F   ·   I   ·   ·   ·   ·   I   E   S   L
·   ·   E   K   ·   L   ·   ·   N   K   D   E
·   ·   ·   I   C   ·   R   ·   E   ·   R   W
·   ·   ·   ·   V   I   ·   A   ·   S   ·   U   I
·   ·   ·   ·   ·   A   P   ·   H   ·   ·   G   N
·   D   R   A   N   R   E   B   D   ·   ·   C   ·   I   ·
·   ·   ·   ·   ·   ·   D   I   G   N   E   ·   I   S   ·
·   ·   ·   ·   ·   ·   ·   ·   ·   ·   ·   R   ·
```

Find The Team #2

```
S N O T P M A H T U O S Y W ·
H · · · · · · · · · · · T E ·
E · · · · · · · · · · · I S ·
F · · · · · · · · · · L C T ·
F · · · · · · · · · · A H H ·
I · · · · · · · · · · N C A ·
E · · · · · · · · E E I M ·
L · · · · · · · V · S W U ·
D · · · · · · E · · R R N ·
U · · · · · R · · · A O I ·
N · · · · Y T I C N A M N T ·
I · · · · O M A N U N I T E D
T · · N · · · · · · · · D ·
E S P U R S · · · · · · · ·
D E T I N U E L T S A C W E N
```

Leicester City

```
E  .  .  .  .  .  S  N  A  M  E  L  E  I  T
.  V  .  .  .  L  E  H  C  I  E  M  H  C  S
.  .  A  .  P  E  R  E  I  R  A  .  .  .  .
.  .  .  N  .  .  .  .  .  .  .  .  .  .  .
.  .  .  .  S  I  H  E  A  N  A  C  H  O  .
.  .  .  N  .  .  .  Y  A  R  G  .  L  N
.  .  .  .  A  .  .  .  .  .  .  .  L  O
.  .  .  .  G  .  .  .  .  .  .  E  T
V  A  R  D  Y  .  R  .  I  .  .  W  H
.  .  .  .  .  .  O  D  .  .  .  L  G
.  .  .  .  .  I  M  .  Z  I  I
.  .  .  .  .  D  .  .  .  E  H  R
.  .  .  .  N  .  .  .  .  R  .  C  B
.  .  .  .  .  .  .  .  .  E  .  L
.  M  A  D  D  I  S  O  N  .  .  P  .  .  A
```

Liverpool

```
· · · · M U D L A N J I W · ·
· · H A L A S · · · · · · E
· · · F A B I N H O · · N ·
· · G O M E Z · · · · A · ·
· · · · · · · · · · M · ·
A L E X A N D E R A R N O L D
N O S S I L A · · · · · · ·
· · · · · · · · · · · · · ·
· · N O S R E D N E H · · ·
· · · · · · · · · · · · · ·
· · · · · O N I M R I F · · ·
· · · · · · K J I D N A V · ·
· · · · · · · · · · · · · ·
· · · · R O B E R T S O N · ·
· · M I L N E R K E I T A · ·
```

Manchester City

```
· · · · · · E T R O P A L ·
· · · · · · · R · · · · · ·
· · · · · · · E · · · · · ·
A · · · · · S S · K · · · ·
R G · · · · U · I · L · · ·
O · U · · · S · · L · A · ·
D · · E · · E · · · V · W ·
R · · S R · · J · · · · A D
I · · · T O · · N O S R E D E
· · · · O · · · · · · · · B
· · · F E R N A N D I N H O R
· · · · · · E · · · · · · U
F O D E N · · · S · · · · Y
· · · · G N I L R E T S · · N
C A N C E L O · · · · · · E
```

Footy Grounds #1

```
T  ·  D  ·  ·  ·  ·  ·  ·  ·  ·  S
O  ·  A  ·  ·  ·  ·  ·  ·  G  ·  ·  E
T  R  ·  O  ·  ·  ·  ·  ·  S  O  S  ·  L
T  ·  E  R  ·  ·  ·  ·  T  ·  O  T  ·  H
E  ·  ·  W  ·  ·  ·  M  ·  ·  D  A  ·  U
N  ·  ·  O  O  ·  ·  A  ·  ·  I  M  ·  R
H  O  ·  R  ·  P  R  ·  ·  ·  S  F  ·  S
A  L  ·  R  ·  Y  G  ·  ·  ·  O  O  ·  T
M  D  ·  A  S  ·  ·  N  ·  ·  V  N  R  ·  P
H  T  ·  C  ·  ·  ·  I  ·  I  P  D  ·  A
O  R  ·  ·  ·  ·  ·  ·  K  C  A  B  ·  R
T  A  E  ·  ·  ·  ·  ·  ·  A  R  R  ·  K
S  F  ·  M  ·  ·  ·  ·  ·  R  K  I  ·  ·
P  F  ·  ·  I  ·  ·  ·  ·  A  ·  D  ·  ·
U  O  ·  ·  ·  R  ·  ·  ·  G  ·  G  ·  ·
R  R  ·  ·  ·  ·  A  ·  ·  E  ·  E  ·  ·
·  D  ·  ·  ·  ·  ·  T  ·  R  ·  ·  ·  ·
·  ·  ·  ·  ·  ·  ·  ·  E  ·  O  ·  ·  ·
·  ·  ·  ·  ·  ·  ·  ·  S  A  ·  ·  ·
·  ·  ·  ·  ·  ·  ·  ·  D  ·  ·  ·
```

Manchester United

```
A  .  .  .     .  .     .  .     .  S  E  M  A  J  .
.  K  .  .     .  .     .  .     .  A  R  I  E  R  E  P
.  .  A  .     .  .     .  .     .  .     .  .     .  F
.  M  S  S     .  .     .  D     .  .     .  .     .  O
.  A  E  .  S  .     .  R     .  .  L     .  .     L
.  G  N  .  .  I  .     A     .  .  A     .  .     E
Y  U  O  D  .  B  G     .  .  I     .  .     .  D
A  I  J  R  E  .  .     N     .  .  T     .  .     N
N  R  .  O  G  .  .  I  A     .  .  R     .  .     I
I  E  .  F  E  .  L  .  W  A     .  .     L
M  .  .  H  A  .  .  .     .  M     .  .
O  .  W  S  .  .  .  Z  E  H  C  N  A  S  .
T  .  .  A  .  .  .  .  .  .  .
C  .  .  R  H  .  .  .  .  .  .
M  .  .  .  S  .  .  .  .  .
```

Newcastle United

```
·  S  C  H  A  R  ·  ·  ·  N  ·  ·  ·  ·  ·
·  ·  ·  ·  ·  ·  ·  ·  ·  E  ·  ·  ·  ·
·  ·  ·  Y  E  V  L  E  H  S  ·  D  ·  ·  ·
·  ·  ·  ·  ·  ·  ·  L  ·  ·  ·  Y  ·  ·
·  ·  ·  S  ·  ·  ·  ·  L  ·  ·  ·  A  ·
E  N  U  E  J  E  L  ·  ·  ·  O  ·  ·  ·  H
A  ·  L  ·  ·  ·  ·  ·  ·  R  ·  ·  ·
K  ·  A  L  N  ·  M  U  T  O  ·  ·  R  ·  ·
V  ·  L  E  I  ·  ·  ·  ·  ·  ·  ·  A  ·
A  ·  M  C  L  ·  ·  ·  ·  ·  ·  ·  ·  C
R  ·  I  S  D  J  O  E  L  I  N  T  O  N  ·
B  ·  R  A  E  ·  ·  ·  ·  ·  ·  ·  ·  ·
U  ·  O  L  Y  ·  ·  ·  ·  ·  ·  ·  ·  ·
D  ·  N  ·  ·  ·  ·  ·  E  I  H  C  T  I  R
·  S  A  I  N  T  M  A  X  I  M  I  N  ·  ·
```

Premier League All Time Top Keepers

```
            H  .  .     .  .
      .  .  .  A     .  .     .  .
      .  .  .  R  .  M     .  .  .
   .  .  F  .  .  .  T  I  .  .  R
   .  .  .  O  .  .  .  G  .  .  A
.  L  .  .  S  .  .  N  .  .  S  .
.  .  L  .  .  T  .  O  .  .  R  .
.  .  .  O  D  E  G  E  A  L  .  .  A  E  .
C  .  .  .  R  .  .  .  R  E  .  N  .  D  .
.  E  .  .  .  I  .  D  .  T  I  .  .  N  .
   .  C  .  .  .  S  R  .  E  .  .  .  A
   .  .  H  .  .  .  A  R  .  .  .  .  V
      R  E  Z  R  A  W  H  C  S  .  .
         .  .  .  .  O  .  .  .  .
            .  .  H  .  .
```

Norwich City

```
. . . . Y E L N A H . . . .
. Z I M M E R M A N N . . . .
. . . . . . Y E R F D O G . .
. . . . . . I . . . . . . .
V . . . E K . . . . . . S .
R . . S K . . M A R Y B T
A . O U . . . . . . I
N . L P . . . . S . A . E
C K . A I D N E U B I . A . P
I . . . . . . W . R . E
C . . . . . L . E . O . R
. . . . . U . . L . N . M
. . . . R . . . . . S . A
. . . . K . . . . . . . N
. . . . Z E D N A N R E H . N
```

Sheffield United

```
H · N O R W O O D · N · · K ·
E · · · · · · · A O · · C ·
N S · · · · · M S · · I M
D T · · · · E B · · · R O
E E · · · E O · O · · · D U
R V · · · R R · C · · · L S
S E · · F N · O · · · · O S
O N · · · · N · · · · · G E
N S · · · N · F L E C K · C T
· N A G E E I N R U B C M M ·
· · · L · · · · · · · · · ·
· · L · · · · R O B I N S O N
· · · · · · · · · P R A H S
```

British & Irish
Internationals

```
        ·   ·   ·   ·   ·
    C O L E M A N · ·
        ·   ·   ·   · Y D A R B
  H ·   M   ·   ·   ·   ·   · W
  E · T · C S N E L L A · E
· N · · S I C · · · · · R ·
· N · · V E · L · · · · G ·
· E · A · B R · E · · · L ·
· S D · A · · R · A · · U ·
· S · L E · · · O · N · · M ·
  E E · V · · · · F · · · ·
  Y · · A Y T R E F F A L ·
      · · N O S T R E B O R
        · S · · · · · ·
          ·   ·   ·   ·   ·
```

Southampton

```
·   ·   ·   ·   ·   ·   ·   ·   ·   ·   ·   ·   ·
A   ·   ·   ·   D   ·   ·   ·   ·   ·   ·   ·   ·
D   ·   ·   G   ·   ·   J   ·   ·   ·   ·   G   ·   ·
A   ·   ·   U   ·   ·   E   ·   ·   W   ·   R   ·   ·
M   ·   D   N   ·   ·   F   ·   N   A   ·   ·   E   I
S   ·   ·   N   U   E   M   O   R   E   ·   ·   J   S
·   ·   ·   ·   A   ·   D   R   ·   P   ·   B   S
·   ·   ·   ·   R   P   ·   ·   S   ·   O   J   U
I   ·   ·   ·   R   T   ·   ·   ·   T   ·   O   O
·   N   ·   ·   O   ·   E   R   ·   ·   ·   E   H   N
·   ·   G   W   ·   ·   ·   D   E   ·   ·   ·   R   U
·   ·   S   S   ·   ·   ·   ·   M   B   ·   ·   ·   O
·   E   ·   ·   ·   ·   ·   ·   O   ·   ·   ·   Y   ·
·   B   E   D   N   A   R   E   K   ·   N   ·   ·   L   ·
·   V   E   S   T   E   R   G   A   A   R   D   ·   E   ·
```

Tottenham Hotspur

```
·  S  ·  ·  ·  ·  ·  ·  ·  ·  ·  A  ·
·  I  ·  ·  ·  S  A  N  C  H  E  Z  ·  L  ·
·  S  ·  ·  ·  N  D  O  M  B  E  L  E  D  ·
N  S  ·  ·  ·  ·  ·  ·  ·  ·  ·  E  ·
·  O  ·  ·  ·  S  E  I  V  A  D  ·  R  ·
·  K  N  ·  ·  ·  ·  ·  ·  ·  W  ·
·  O  ·  G  A  R  U  O  M  ·  ·  ·  E  D
·  ·  ·  ·  E  ·  ·  ·  ·  ·  I  I
·  ·  ·  ·  ·  S  ·  ·  N  O  S  ·  ·  R  E
·  ·  ·  ·  ·  S  S  ·  ·  E  ·  ·  E  R
I  L  L  A  ·  ·  I  E  ·  ·  N  ·  ·  L  ·
·  ·  ·  ·  ·  R  ·  ·  S  ·  A  ·  D  ·
·  ·  ·  ·  ·  O  ·  ·  ·  ·  K  ·  ·  ·
·  ·  ·  L  ·  ·  ·  ·  ·  ·  ·
·  ·  L  ·  ·  W  I  N  K  S  ·  ·  ·
```

England Women's World Cup Stars

```
            E  ·  ·  ·  ·  ·
         ·  ·  ·  Z  ·  ·  N  ·  ·
      E  T  I  H  W  N  O  P  ·  ·  ·
         ·  ·  ·  T  ·  T  O  A  ·  ·  ·  D
         ·  ·  ·  H  ·  H  ·  ·  R  ·  ·  ·  U
      ·  ·  ·  G  ·  G  ·  ·  ·  R  B  ·  Y  G  ·
      ·  ·  I  ·  U  ·  ·  ·  ·  I  ·  E  R  G  ·
      ·  R  ·  O  ·  ·  ·  ·  ·  S  N  E  ·  A  ·
   B  ·  H  ·  M  O  O  R  E  R  E  ·  ·  N  ·
   B  A  R  D  S  L  E  Y  A  N  ·  S  ·  ·  ·
      ·  T  T  O  C  S  C  W  ·  E  ·  ·  ·
      ·  K  I  R  B  Y  O  ·  K  ·  ·  ·  ·
         ·  ·  ·  ·  O  ·  O  ·  ·  ·  ·
            ·  ·  D  ·  T  ·  ·  ·  ·
               ·  S  ·  ·  ·
```

Premier League
Assist Kings

```
        .   .   .   .   .
    .   .   M   .   .   .   S   .
    .   .   .   M   A   B   .   H   G   .   .
    .   .   .   I   .   G   H   E   .   G   .   .
    .   .   L   .   E   .   R   K   R   I   .   .
    .   .   N   .   R   .   I   .   .   C   G   .   F   .
    .   E   .   R   .   N   .   .   .   .   E   K   A   .   D
    R   .   A   .   G   .   .   .   .   .   .   B   A   R   .
    .   R   .   H   .   .   .   .   .   .   R   S   A   M   .
    D   .   A   .   .   Y   .   .   .   E   I   P   .   .   P
    M   .   .   .   .   E   .   G   L   M   .   .   .
    .   .   .   .   .   N   .   A   V   A   .   .   .
    .   .   .   .   O   S   A   L   .   .   .   .
    .   .   .   O   .   .   .   .
        R   .   .   .   .
```

Watford

```
·   ·   ·   ·   ·   ·   ·   ·   ·   ·   ·   ·
D   ·   ·   ·   ·   P   ·   ·   ·   R   R   A   S   ·
O   ·   Y   ·   ·   E   K   ·   G   ·   ·   ·   ·   ·
U   ·   E   ·   ·   R   A   ·   R   ·   ·   ·   ·   ·
C   ·   L   ·   ·   E   B   H   A   ·   ·   ·   D   ·
O   ·   R   ·   ·   Y   A   A   Y   ·   ·   E   ·
U   ·   E   H   N   ·   R   S   B   ·   ·   ·   E   ·
R   ·   V   U   O   ·   A   E   O   ·   ·   ·   N   ·
E   ·   E   G   S   ·   ·   L   L   ·   ·   ·   E   C
·   ·   L   H   W   ·   ·   E   A   ·   ·   ·   Y   A
·   ·   C   E   A   ·   ·   ·   H   ·   ·   ·   ·   P
·   ·   ·   S   D   ·   ·   C   ·   ·   ·   ·   O
K   C   E   B   L   E   W   ·   ·   ·   ·   ·   ·   U
·   ·   ·   ·   ·   ·   ·   ·   ·   ·   ·   ·   ·   E
·   ·   ·   ·   ·   ·   D   E   U   L   O   F   E   U   ·
```

West Ham United

```
·  ·  ·  N  H  A  L  L  E  R  ·  ·  ·  ·  ·  ·
·  ·  B  ·  O  ·  ·  ·  ·  ·  ·  ·  ·  ·  ·  ·
O  ·  A  ·  S  ·  ·  ·  ·  ·  ·  I  ·  ·
T  ·  L  ·  ·  R  ·  ·  ·  O  N  ·  ·
I  ·  B  Y  ·  ·  ·  E  ·  ·  I  I  ·  L
R  ·  U  A  ·  ·  ·  D  ·  N  Z  ·  L
A  ·  E  R  ·  ·  ·  N  ·  O  N  E
H  ·  N  M  N  ·  ·  ·  A  T  A  W
C  ·  A  O  O  ·  ·  ·  N  L  S
I  R  ·  L  ·  B  ·  ·  A  ·  S
H  I  ·  E  ·  ·  L  ·  ·  ·  E
C  C  ·  N  ·  ·  E  ·  ·  ·  R
·  E  ·  K  ·  ·  ·  D  I  O  P  C
·  ·  ·  O  ·  F  O  R  N  A  L  S  ·  ·  ·
·  ·  W  I  L  S  H  E  R  E  ·  ·  ·  ·  ·
```

Wolverhampton Wanderers

```
R  ·  ·  ·  ·  ·  ·  Y  T  R  E  H  O  D
E  ·  G  ·  ·  ·  ·  ·  ·  ·  ·  B  T  ·
K  ·  ·  I  ·  Z  ·  ·  ·  ·  ·  O  R  N
C  ·  ·  ·  B  ·  E  ·  ·  ·  ·  L  A  E
N  ·  ·  ·  B  ·  N  O  ·  ·  ·  Y  O  V
O  J  ·  ·  ·  S  ·  E  T  ·  ·  R  E
D  ·  O  ·  ·  ·  W  ·  M  T  ·  ·  E  S
N  ·  ·  T  O  ·  ·  ·  H  O  I  O  ·  ·
E  Y  ·  ·  A  I  ·  ·  H  I  ·  J  E  ·  ·
D  D  ·  ·  ·  ·  C  N  ·  ·  T  N  ·  ·
·  A  ·  ·  ·  ·  I  I  ·  ·  O  E  ·  ·
·  O  ·  ·  T  ·  R  R  ·  ·  ·  ·
·  C  ·  ·  U  ·  ·  T  T  ·  ·  ·  ·
·  ·  ·  O  ·  ·  U  ·  A  ·  ·
·  ·  M  ·  ·  C  ·  ·  ·  P  ·  ·
```

Footy Grounds #2

```
. . . . . . . K . . D . . .
. . . . . . . R . . E . L E
. . . . . . . A . . A . O N
T U R F M O O R P . . N . N A
. . . . F . . . A . . C . D L
. . . . A . . . L . . O . O L
. . . . L . . . L . M U . N L
. . . . M . . . I . O R . S A
. D . . E . . A V . L T . T M
. A . . R . N . . . I . . A A
. H . . . F . . . . N . . D R
. I . . I . . . . . E . . I B
. T . E . . . . . . U . . U .
. E L . . . . . . . X . . M .
. D . S T J A M E S P A R K .
```

Well Done!

Well done if you've finished all the word searches, and a 'little well done' if you only finished some. I hope you enjoyed reading the book as much as I enjoyed compiling it.

If you did enjoy the book, check out my page on Amazon where you'll find even more great word search books.

Harry